分離なきものの愛のうた

カヴィータ

あらかみさんぞう、重城通子 訳

ナチュラルスピリット

Love Songs of the Undivided
by Kavita

純粋な愛そのものである二人の恩師、プンジャジとラマナ・マハルシへ
私が溶けていった尽きることのない愛と感謝を込めて

ラマナ・マハルシ

プンジャジ

言い尽くせないほど惜しみない愛情とサポートを与えてくれる両親へ、永久に感謝します。

私にインスピレーションを与え、励まし、助けてくれたヴァスデーヴァ、ニコル、アライン、ベルト、ダヤ、リチャ、ヴァンダナ、ユディシュティラ、ガヤトリに感謝します。

そして、すでに出会った人もまだ出会っていない人も含め、境界のない愛の家族である多くの人々に感謝します。

まえがき

この本の詩が語っている物語がどこで始まり、どこで終わるのかをどうやって説明したらいいのでしょう。私が師であるプンジャジと出会ったのは一九九一年三月のことでした。そのとき、言葉で表現することのできない何かが起こったのです。私はこの出来事を説明しようと何度か試みましたが、すべて成功しませんでした。

いいえ、何かが起こった、というのでさえ正確な表現ではありません。それは私がいつも共に在る源――すべての存在がそのなかで遊んでいる、とても深い完全な静寂――へのはじまりでした。その源は愛以上の愛、つまり、他者に対する個人的な愛ではなく、愛そのものを愛するための愛でした。これがほんとうの私たちであり、そこからすべての個性が生じていました。その静寂から万物が、愛そのものへの愛として現れていたのです。

ですから本書の詩も、この静寂からヴァイブレーションが生まれることで現れました。稀に言葉を伴いながら、時にまったく聞くことができない音として、静寂のなかに再び呑み込まれる前にやってきたのです。これらの詩は私が消滅したときに、どこでもない場所——私が溶け込んだ静寂のなかから現れました。まるで己自身を知るために、静寂そのものが周期的にヴァイブレーションを放って、言葉を具現化しているかのようでした。そしてそれをまた引き戻しては己自身に近づいて、自らへの愛に浸ります。この循環はやがて、時がそれ自体を包み込んで永遠へと変化するように、静まっていきました。すべてを含むこのことを言葉にするのは不可能でしょう。

あえて言葉にするならば、それはプンジャジと私、そしてあらゆる存在のための愛の音楽でした。その音楽は喜びに溢れ、己自身とダンスしていました。それはまた、海を抱き、海に抱かれる波であると言うこともできるでしょう。しかしついには、私はこれを捕まえることはできませんでした。それができる人もいなければ、捕まえる何かも存在しません。

静寂は静寂と共に戯れる。

最も完全な詩は、あまりにも愛そのものに没入しているために、決して聞かれたり、語られたりすることはないのです。

本書は師と、読者であるあなたと、私たちがすでにひとつである神秘のなかに生きるすべての存在に捧げます。

一九九一年六月　インドにて

カヴィータ

ひとつですべて

時　という水晶玉のなかで
あなたは　ときに母となり
父となり　いとしい子となり
わたしの愛するひとになる

✦

確かにわたしは見ています
わたしの夢を映し出し
光のなかで変化していく
あなたの幾つもの顔
わたしの目のなかにある
あなたの眼差し
一瞬その視線を感じたら
もう瞼を閉じましょう
時を超える

無限のなかで
時間と空間
それ以前の場所で
粉々に砕け散った
幾千のあなたとわたしの顔
幾千のあなたとわたしの目
もう帰りましょう
そこへ
見る者でも見られる者でもない存在のなかへ

わたしはひとつですべて
終わりなく
果てしなく
とらえることのできないひとつですべて

✦

わたしの声が消えると
別の声が生まれ
言葉にならない言葉で語りかけてきます
すべてを通して――

その夢の源は
光を放って澄み渡り
電気を帯びた不可視の川のように
流れています
夢見る人と夢のなかを――

キスされました
キスしたのもキスされたのも
わたし自身でした

そして
ほんとうは存在しない
分離の幻想から
目覚めます
ただひとつのわたし自身に――

✦

あなたはわたしにキスをする　キスをする
そしてまた　あなたはわたしにキスをする
ひとりがひとりに混じり
　そこにわたしが溶けていくまで——
それは何処でも起きていること
甘く香る風　清らかな流れ　鳥たちの歌
いつでもそこに起きていること
その翼は生と死の営みから
わたしを連れ出し
空《そら》はわたしの息から
美しい花々を空中に咲かせ——
　すべての限界は
　　この不死の存在に
　　　消えていく——

✦

無数に区分けされたひとの夢のこだまが
ダイヤモンドのような静寂の空間に反響し
海の虹波になって
踊っています
見る者
見られる者もなく

そこを離れ
外側から自分を見ようとする
眼差しもありますが　やがては
蜃気楼のように
消えて
いきます
地平線とともに

✦

真実の声は
話される必要がありません
そこから分かれているものは
何もないからです

ふたりの男が夢のなかで
賢いのはどっちだと言い争っています
でもどんなに賢くても
夢見るひとは自分の知らないことに
気づくわけがありません
ふたりの恋人が
それ以上愛し合うことは
できないように

ただひとつの声は
自分自身から離れずして
どうして自分の名前を口にできるでしょうか？

分離のない存在は
分かれることなくして
どうやって自分の顔を見ることができるでしょうか？

これが現実だとわたしたちが呼ぶ世界が
じつは鏡に映ったもの
ただのこだまにすぎないとしたら
さてわたしたちとは何者なのでしょう？
こんな話をしているのは
いったい誰なのでしょう？

✦

わたしにはすべきことが何もありません
ただすべての可能性とともに　ここに坐っています
何かが出てきたら　その名を聞いてから
消えるに任せます

夢が　ひとつひとつ
落ちてくる雨に浮かぶ虹のなかで
開花しました
そしてその顔が　ひとつひとつ
透明になるまで
自らを洗い流しました

ここに　生命のすべての顔が
姿を顕します

落ちそうで落ちてこない
時の滴のなか
日の出から日の沈むまで
愛の輝きは
消えることがありません
空《そら》のいたるところで
秘かなくちづけを
交わしながら
くるくる回る神秘の輪のなかで
絶えず動きつづける顔を
光に変えていきます

人生は神への捧げものなのでしょうか
捧げものであるなら
愛にすべて呑み込まれて
何ひとつ残らないでしょう

しかしそこには
至福だけが残ります
至福が腕を広げ
すべてを抱きしめるのです
永遠のすべてを
その広がりのなかで

✦

夢が生まれた場所で
夢は終わります
沈黙より穏やかな
その虹は決して語らず
ただわたしたちの希望だけが
光をとらえ七色に反射させていたのです
すべて
定められていた
とおりに

愛のダンスのパートナーは
自分自身でした
空中の舞台で
踊りが続いています

心うたれて
じっと見つめます
わたしたち自身がつくった
想像の翼に乗って

わたしたちの目は
ただひとつの真我が透過するプリズムでした
その目は宇宙に星を散りばめ
空《そら》を照らし
星々を繋いで星座にします
わたしたちの笑いと涙の
潮流の上に

わたしたちの目は鏡でした
まだ生まれていない太陽の炎をとらえ
その炎を投げつけて

張られてもいない
カーテンに
穴をあけました

覆い隠していたベールが燃え尽きてはじめて
わたしたちは自分自身のむき出しの炎と
向かい合っていたのだと
知るのです

こうして
わたしたちの戯れの幾光年もが
使い果たされました
一瞬のうちに
己自身を見通し
ただ一度も分割されることのなかった場所に
出会ったのです

夢は
　終わります
夢が
　生まれた場所で……

✦

愛を求めて
わたしは
いったいどこで
ひとりの女性に変容したのでしょう？

あれは
孤独のベッドで
夢見ていた夜明け前のこと
ひとつの愛が
切り離されたふたつのもとへ
押し寄せてきたのです
愛が愛を抱きしめるために——

そして

ハートが
破れました――

愛したくて愛されたくて
何千年もの間　寝返りを打ってもがいていたのです
とっくに愛されていたというのに
求めに求めて見失ってしまったのです
求める前から
いつもそこにあったものを――

その行方知れぬ愛の衝動が
海に溶けるまで気づくことはなかったでしょう
わたしがあなたに変容する前から
あなたはすでにわたしのなかにいたのです
一度も離れることなく　夢見るベッドで眠っていたのです

✦

わたしは幾千もの顔で愛に触れてきました
その手を幾度も握りました
愛はわたしを幾千もの地に連れていき
行く先々でわたしは自分に出会いました

でも今はもう握る手もなく
見つめ合う顔もない
震える足が踏みしめる大地もなく
探る手がつかまる場所もない
ただ烈風に震えているだけ――
そして聞くのです
愛を求め未知へと踏み出すとき
広大な静寂の奥処から聞こえる
おまえが愛なのだよ　という囁きを――

✦

わたしはもう
何もする必要のないところにきました
友よ　わたしたちはここで待っています
残されたそれぞれの目で
わたしたちは一度もここを離れたことはないのだと
確かに見るため
わたしたちは共に永久に
いつもここに集っていたのだと
見るだけのために――

決して戻るまいと
この場所を出ていった
多くの夢のことを思うとき
わたしのハートは泣き出しそうになります

わたしたちは何度分かれてきたのでしょうか
あなたとわたし　星々と天空に――
本当の親を見つけるために
家を出る子どものように探し求め
何処にも落ち着かず
想いの花びらを風にまき散らし
当てもなく彷徨って
わたしたちは幾度夢の地平へ漕ぎ出したのでしょうか
海が自分に　自分が海になる
その恍惚を
飲み干すために

✦

すべてであり
同時に何でもない
夢という種子のなかを
わたしは行き来しています
あらゆる場所を
そして
どこでもない場所を――

生まれたての
赤ん坊のようにまる裸で
宇宙の子宮のように
目には見えない
このいのちの夢こそ
わたしの母

わたしの子ども——
さて　誰が生まれ
誰が死ぬのでしょうか？

✦

魂の中心には
静寂のほかには何もありません
それゆえそこには
終わりもありません

魂の中心は魔法の円
その周囲に
世界が広がっています

さて
外へ出る道　中に入る道は
どこにあるのでしょうか？

✦

耳を澄ますと
対象そのものになります
そのとき　すべてはひとつです

あなたの内部に降りていく
隠された螺旋階段を
ご存知でしたか?

どうぞついてきてください
目も足も使わず
前も後ろも見ることなく
ただ降りていって最後の一段が消えるところ
そこから降りたちます
永遠に——

内なる声は
あなたには聞こえません
それはあなた自身ですから

でもその流れに沿っていけば
すべての瞬間瞬間が跡形もなく
あなたに溶けていきます

この一瞬の空間が
本来の解放された場所

そして
求める前に
あなたに与えられる恩寵です

✦

わたしは身体の壁を
通り抜けていく
スピリット
心のガラスを
突き破る
旋風
鏡のなかの時間を
打ち砕く
閃光

✦

何も予備知識をもたずに始めてください
あなたはやがて気づくでしょう
すべてがただひとつの奇跡の空間で
動いていること　そして
あなたがそれであることに――
ほら　木の葉があなたの
心の風に吹かれている
深い静寂に
あなたは
表情を休め
もうひとつの目から
光が溢れ出るでしょう

✦

全世界に轟く雷鳴は
沈黙の一滴から生まれ
誰も知らない
原初の裂け目から
いま　稲妻を
走らせる

✦

星たちが
わたしの心に穴をあけ
時を超える
夜明けに
消えていきます

いったい誰の眼差しなのでしょうか
言葉では言い表せない
このあたらしさを見ているのは――
誰なのでしょうか
人知れず踊りつづけているのは――

無垢な花々は
そのキスで

目覚め
臆病な葉っぱたちも
古い夢から解き放たれるのです

✦

わたしの手足が羽ばたく
わたしの腰が跳びはねる
どうにか身体を保とうとするけれど
空《そら》が割り込んできて
そうはさせてくれない

抑えきれない
笑いが
込み上げ
わたしの身体の細胞を一掃する
夢の宇宙が
わたしの現実をつくるすべての原子から
爆発する——

✦

知られているものはもう死んでいるのです
知られていないものが今
踊っているのです――

甘美な恩恵によってあなたは
ひとつの魅力的な顔をつくり出しました
ここには
その魔法に興じる
遊びは存在しません

あなたの声でわたしは歌います
あなたの手と足で踊ります
鳥たちはわたしの目から
飛びたち

木の葉も
囁いています
譬えようもない
わたしの
歓喜に

✦

ここに千の顔が入ろうとします
でも誰も入れません

ここは
まだ名前がつけられる前の
裸のままの場所ですから

裸のままだから
すべてがひとつになるのです

見えない
一本の蝋燭の炎が
広大な闇夜を
柔らかに

満たしています

母の膝で眠る
子どもが
何か質問したい
などと言い出すでしょうか

沈黙のなかでのみ
愛は愛に
答えるのですから

✦

野にある花々は
雨と太陽を受けて開花します
まだ一度も眠ったことのない場所で
今朝わたしは目覚めます

必要としてもいない
幸福でわたしを縛ることなんて
できるはずもありません

柔らかな金色の霧があり
異形の幻たちが戯れ
遠い歌声が影を落としもせず
わたしに寄り添ってきます

このわたしの身体は
あまい唇の
くちづけなのです

✦

希望という囁きを受けると
ひとつの種子が
存在のなかに浮かび上がり

空っぽな世界の土壌に
生と死が生まれます

意志をもたない
この庭は誰のものなのでしょう

ハートにある太陽が
光輪を柔らかく
月と星々の円環に広げています
永遠の愛の光を注ぎながら

✦

沈黙という一粒の滴に
千の月　千の太陽が
映っています
誰が話すのでしょう
　　闇と光
　　　　夜と昼について

✦

わたしが見ているのは
わたしがつくった世界です
何処へ行こうと
世界はわたしを見捨てることも
　縛りつけることもできません

想像を絶する景観です
この魔法の絨毯を飛ばしているのは誰
　これもわたしたちの無限のちから？

✦

宇宙は星々の網目に
閉じ込められているのでしょうか？
わたしの心のなかの星座は
突如爆発し
星屑となって果てる
それはまるで
太陽と月の結婚式の日に
天の神殿へ投げられて
きらきら光りながら
降り注ぐ
虹色の宝石です

✦

花や木や
見るものすべてが
五感を愛撫する
この愛撫こそ
わたし

千の声を通さず
言葉が
語られることはない
そこには
誰もいない
わたしの身体を
歌う歌も
存在のなかで

鳥たちの羽ばたきから
生まれる
そして
生まれることなく
死ぬこともない
存在を超えて飛びたつ

見たものに
わたしの目が溶け
見ることは
見られぬものに溶けていく

すべてを通して見るその目——

それがわたし
わたしは

在るものすべて……

限界が破られる

✦

あなたが
わたしの目に　飛び込んできた
その瞬間　破られた
　時のバリアが——

わたしたちは
互いの目の奥を覗き
そして見たのです

　世界全体が
　カーテンで
　分けられ隔てられているのを——

あなたが
わたしの目に　飛び込んできた
その瞬間　破られた
　時のバリアが――

あなたは　誰なのでしょう？
わたしは　誰なのでしょう？

　永劫の
時の
サイクルが
今ここに
有限と無限の分岐点を
迎えたのです

わたしのなかで空《くう》が膨らみ
溢れかえって破裂した
囚われた心を自由へと解き放つ
そのエネルギーが静寂を歓喜で満たしていく

✦

酔ったのでしょうか？
見ているものすべてが
浮き浮きと振動しています
すべてを呑み込み　愛そのものとなり
崩壊していくこの身体の波に
夢中になってしまいます
この波が自分のものなのか　そうでないのか
内から来たのか　外から来たのか
わたしには感じとることさえできません――

ただあらゆるところで
あらゆるものが
至福に包まれ
ソーダ水の上の
消えない虹のように
わたしたちの透明性を踊っています

✦

あなたはわたしたちのハートを溢れさせる
それが破裂するまで——

ほんとうのわたしは
すべてと分かち合う
かたちのないあなたの美しさにある

それは太陽
いのちのシャワー
わたしたちのハートが消滅する
根源の場所から降り注いでいるもの

あなたはわたしたちのハートを溢れさせる

それが破裂して
　突如
　空《くう》になるまで——
それは
一切の境界を知らない
愛を生み出しているもの

✦

あなたの
愛の砂浜に
愛の波音が寄せている
わたしのハートの
波音が寄せている

✦

舟を捨てなさい
海になりなさい
これで
向こう側に
繋がるのです

✦

ここを
わたしたちは歩き
ここで
わたしたちは話す
けれども
もうひとつの場所があります
そこは誰も生まれたことのない場所

時空が
いつの間にか
消え去っている
そこでわたしたちは
分かちがたく
一体になりました

あなたの顔は見えないけれど
わたしは知っています
わたしたちがずっと
恋人同士であったことを

これが
わたしたちの愛なのです……

門のない
この創造の庭で
成長しないものとは何でしょうか？

入口も出口もない
この祝福のなかで
生きることのないものとは何でしょうか？

✦

永遠の
わたしの愛を
繫ぎとめる花など
何処にもありません
ただそれが消えていく儚さのうちに
あなたは気づくのです
花は死んでも
愛は死なないと……

わたしが
ただひとつ
あなたに伝えられるのは
とても広大なこと
空《そら》全体が

それを分かち合い
その涙の滴が
石のように乾いた瞳を拭うのです

まわるまわるまわる
あなたの光に向かって
無限に広がるあなたの存在に開かれ
わたしのハートが裏返しになり
一切の境界線はなくなっていく――

さてこの行先は
どうなるのでしょう？
どうやってあなたから
離れられるというのでしょう？

庭は成長を続けている
咲く花に名前はなくても
その香りは永遠に
漂っていく――

✦

微風のように
あなたはいつでもわたしに囁きかける
あなたはときに
わたしの雨となり太陽となり
わたしを抱きしめる地球となり
わたしをワンネスに招き寄せる空《そら》となり
種に眠る芽のように隠された
わたしの翼を羽ばたかせようとしている
自分自身の広大さに向けて――

✦

誰もが孤独な
わたしやあなたとして
この世界にいる
それと同じ場所に
境界なく繋がる無限の光がある

さりげなく編まれた網の目なのに
そこにあなたを探し当てることはできない
決して失えないものを見つけ出すことができない
わたしたちの間には
嘘などはない
その代わり
決して
独占できない愛がある

この至福の光に覆われ
あなたが始まりわたしが終わるこの場所を
心の指で掴むことができない
五感が握りしめることもできない
輝きに溶け込んでいる
わたしたち自身のかたちの
継ぎ目すら見ることができない……

わたしはあなたに触れようと
ただ愛とともに
そっと手を伸ばす
それもまた
あなたになっていく

✦

わたしの魂が愛するひとは
無限大
彼のなかを
わたしは泳いでいる

それでも地上の愛人を求めたくならないか？
姿のない彼のかたちを見れば
その想いは消えていく
わたしのかたちも消える
無限存在の
胎内で

✦

あなたに出会うのはいつも
それが最初で最後
あなたに触れるのはいつも
日の始め日の終わり……

わたしは歌いたくなる
この想いを聴いてほしい

すでに沈黙が浸入し
時間の淵に腰を下ろしている

わたしたちも坐って待つ
じっと動かず静かな息になって……
なんと素敵なとき……

わたしは歌いたくなる
あなたの美しさを讃えて

でも
柔らかな
その囁きを
運ぶ風は
動かない……

わたしのハートの涙に濡れた花は
目の前から消える
わたしはただ
そこに溶けていく
露の一滴が
消えるように

✦

あなたがわたしに触れると
もう誰も　何かに触れることはない
そしてわたしは知る
わたしのハートは同時にあらゆるところにあると――

静寂の海から溢れてくるのは
あなたの涙
わたしの視界はひっくり返り
岸辺もないあなたのヴィジョンに巻き込まれていく

わたしたちの海のなかを
あなたに向かってわたしは泳ぐ
ひとかきごとにあなたを抱きしめる
そのたびに愛の悦びに浸るわたし

ひとかきひとかきひとかき
悦びに浸る
裸のわたし

✦

どうしてあなたを愛さずにいられるでしょう
愛そのもののあなたといるのに
あなた以外のすべてを奪い尽くす
あなたといるのに

どうしてあなたから離れられるでしょう
わたしを夢中にさせたあなたから
わたしの存在の毛穴までこすり落としたあなたから
あなたのすべてを使ってわたしを焼き尽くしたあなたから

わたしが見るところ
　見るものすべては
　　そこから流れ込む
　　　あなたの愛だけ――

✦

もう抵抗することができない
宇宙が愛に震え
矢のようにわたしを貫き
すべての現象の核心に向け
震えるわたしのハートを爆発させる

わたしの身体のあらゆる神経と血管を
閃光が走り抜け
エゴの死がくる
そこから突き抜ける
人間の生の先にある生へ

この地球で歌っても　その先で歌っても
すべての歌はわたしの歌

風に身を任せ
揺れる木々も
わたしの歓喜の源から
星々のシンフォニーに加わる
銀河の花冠
納まりきれない花々が
時の循環を超えて
無限の無重力状態のなかに
咲き誇る

何千年もの年月の種子が
囁くわたしのハートに
落下してくる
目もくらむ
美しさに
染まって

✦

あなたの
愛の心拍が
無限の泉から
鳴り響いてくる
あなたはわたしのハートの
空白の羊皮紙に予言をしるす
それはあなたという超越者への
愛の詩——

わたしは永遠にあなたに歌っていたい

その歌が高潮に
境界線を乗り越える奔流に
一切の岸辺を洗い流す津波になる

昼も夜も
寝る間も歩く間も
全身の毛穴を通じて
互いに混ざり合い
あなたの鼓動に呼応して
宇宙が唸り声をあげる

これが狂気だ
などと
誰が言えるでしょうか？

わたしにはあなたしか見えない
何を見てもそこにあなたひとりしか見ない
だから出会うものすべてに
わたしのハートは溢れてしまう

✦

誰も知らないこの愛は
聞き手のいないところで
語りかける
瞬間の内に
広がるかぎりに広がって
神秘のハートのなかで
宇宙全体を
抱きしめる

✦

リリカルに
あなたを歌う
わたしたちのすべてを通して……

あなたの詩が流れる
わたしの詩となる
しかしわたしたちのどちらも
詩人ではありません……

言葉にすることを
もう諦めました
その詩は誰のものか　どこから来るのか
内から来るのか　外から来るのか
それがどうであろうと

鳥たちは歌います
問うこともなく　ただ歌うのです

✦

ただひとつの愛がその愛に呼びかけている
わたしの唇で囁いている
あなたの耳に囁いている

ただひとつの歌がその歌に歌っている
わたしの唇が
その唇にキスをするように
あなたのハートのなかで歌っている

聴こえていますか？
あなたのハートの声の
こだまが
わたしの内側で
大きくなっていくのが――

分けることのできない
愛の
沈黙が
ただひとつのハートへと
今溢れ出している

✦

あなたのその目のなかに
映し出されたわたしの目を
見ることができるから
わたしたちの愛は
妨げられず
完全です

見る者
見られる者の夢は
蜃気楼のオアシスに
花ひらいて
死にます

その燃え尽きた種の

灰から

底なしの春が
花ひらきます
己の純粋な水を
与えられて……

✦

沈黙が　沈黙の音楽を奏でる
わたしはフルートを置き
うっとりとして踊る

この愛の蛇のようなものは何？
巧みにわたしに巻きついて離れない
ふたつがひとつになって
互いの内に消えるまで
離れようとしない……

✦

どこにいても愛はキスのように花ひらき
沈黙へと流れ込む……

この秘密はすべてを通して伝えられ
そしていつも忘れられてしまう

キスしてごらん
ほら　唇をひらくでしょう――

このことを忘れなければ
不二の存在がひと息に
あなたを飲み干してくれるでしょう
永久に――

✦

ひとつ　常にひとつであるもの
その神秘が
千もの道を打ち砕く
海の上には
永遠の
太陽――

美しい夜明け
沈黙を破るものは誰もいない
己の光のなかに落下する滝
甘いやすらぎの鏡
あらゆる波が
恍惚へ
翔ぶ

✦

何処にいても見える
あなたの顔の輝き
わたしの視界を
照らしている
静寂の空間

✦

起きてはいない夢のできごとを
失くさないためには
どうしたらいいのでしょう？

わたしとわたしの間に立つ
ただひとつのわたし
そこで破られたのは
どんなバリアだったのでしょう？

太陽と月は
玩具でした
来る日も来る日も
それを手にしては笑い
失くしては泣きました

太陽も月も
わたしが見るまでは
昇っては沈みました
瞬きをするごとに

何も捕らえられなかった
漁師のようでした
それでも
月明かりの波の上の
星々の輝きは今も
胎内にある海に
朝の光を送りつづけています

✦

この空《くう》から言葉を見つけられるでしょうか？
わたしはあなたにハートを渡すだけですが
そのとき花びらが落ちてきて
損得の駆け引きを超えた愛の空間が露わになるでしょう

あなたとわたし　その代わりに
わたしはあなたに
何を差し出せるでしょうか？

わたしは夢の足もとにキスしようとしました
でもあなたの目を覗き込もうとすると
そこに空《そら》が見えるのです
わたしに目覚めのキスをするために屈んでいる
わたし自身の空《そら》が――

✦

この旅がどれほど壮大な飛行なのか
どうして知ることができるでしょう?
世界が
わたしの翼の上で踊っている
秘密の風が
あなたの目の奥の空《そら》に向かって高く
わたしを吹き飛ばす
あなたも
わたしも
見られることのない場所
存在の愛に満たされて
無限のなかに
世界は
次々と巻き込まれていく……

✦

名前がなくかたちがなく言葉もないものが
あなたを抱きしめる沈黙を運んでくる
どうやってあなたを探し
ついていけばいいのでしょう
誰がこの道に入り
何処でこの道は終わるのでしょう
あなたの教えは
決して口に出されることのないもの
それは世界を震わせ無限に反響し
海まで追い越していく沈黙の波のよう……
だからあなたの言葉をじかに聞くのではなく
聞く者に耳を傾けます
わたしはわたしの内側に飛び込みます
そこにきっとあなたを見つけます……

✦

今なら　何故わたしの愛の歌に
彼が応えようとしなかったのかよくわかります
その歌は彼が歌っていたものだからです
彼とわたしは一体で　わたしの愛は彼自身の愛だったのです
それを知って　わたしは深い愛の裂け目に落ちました
そしてついに　この消えゆく場所に行き着いたのです
この音の響かない場所に――
どうやったらここへ来られるのか
聞かれるまでもありません
あっという間に
あなたも入れるでしょう
この深いくちづけに飛び込むだけです
愛する者の息は
最愛の存在とひとつになって消えるのです……

✦

わたしは決して彼の名を呼ばなかった
彼も決してわたしの名を呼ばなかった
こうして誰にも知られず
密会した
互いに見ることはできなくても
どちらかが彼で
どちらかがわたしだった
目にも耳にも
自分自身にも
囚われないようにした
そしてただひとり
愛から愛への
セレナーデに
身を委ねた

あなたは尋くでしょう
彼とは誰だったのか——
わからない
ただその神秘が
誘惑してきて
深い深いくちづけのように
わたしを呑み込んだ
そのなかに
わたしは消えていったのです

裸になれるでしょうか?

✦

生も
死も
存在の
愛撫です

この愛に
身を任せて
裸になれるでしょうか?

✦

裸のわたしが
あなたを裸にしたことはありません
わたし自身の思考と空想を
あなたに着せていたのです

その衣はわたし自身でした
わたしがいなかったとしたら……
あなたとは何者なのでしょう？

初めて愛を交わし合うあなたとは……

✦

人生がわたしと一緒に
猫とネズミのゲームで遊ぼうとしても
それはもう
たいしたことではありません

すでにわたしは
ライオンの
愛の口のなかに
捕まっているのですから

✦

あなたは
わたしを揺さぶり
一気にひっくり返したのです
前から後ろへと――
曲芸師のように
宙返りしながら
わたしは底なしの空間に落ちていきました
唯一の命綱は
永遠の笑い声でした

✦

今朝　目が覚めると
わたしの顔は　空《そら》に
打ち上げられていました

太陽がわたしの目を
一杯に見ひらかせました

何故なのか分かりません

誰がそうしたのかも――

顔は
貼り付けられていたのです
そこに……

✦

空を満たしている太陽は
どうやって
昇ったり沈んだりするのでしょう?

突如　すべてを通して
すべてが輝きます

すべては永遠の目――

どこにいても
その目は自分自身を見ています

だからわたしは
決して瞬きをしないのです

✦

昼なのか
夜なのかわからない

すべては
光と影がつくる演劇です

それは決して
昇ったり沈んだりすることがありません

✦

何処で見ようと
わたしの目の奥の光は
踊っています

何を見ようと
わたしの愛の夜明けが
囚われを解き放ちます

見るものすべては
太陽の陽射しの戯れ
太陽が
ワンネスの光線の
キャッチボールをしています
悦びのなかで

✦

不動の存在であるわたしの
百万もの目が
あの世とこの世を行ったり来たりしながら
終わりのない次元を回転させ
光と影の網を織り上げる
その網にかかるのは
己の
反射だけ

✦

ふたつの目は
そこにあるのに
何も見ていない

真理の目は
そこにかたちはないのに
ぜんぶ見ている

✦

わたしの目を信じていたことが
問題でした
ハートの目は
嘘をつかないのです

✦

ハートのなかで
永遠の全体性が
披露される瞬間があります

そこに
時間と空間
見る者と見られる者を
決して分けることのない
ただひとつの目が開かれているのです

✦

どのような探求者が
時間と空間を
織り上げているのでしょう
空《から》になった自分の顔を
探し求めて――

どのような道化師が
光をふるいにかけているのでしょう
己の反射である太陽を
捕らえるためだけに
金の籠をもって――

✦

無数の腹話術師が現れて
幾千もの口から
その声を発します

それぞれに自ら叫んでいます
誰でもなく
すべてである
一者を除いて

✦

この沈黙を
どのように説明できるというのでしょうか
あらゆる表現を超えている
この沈黙を――

この神秘を
どうしたら知ることができるのでしょうか
どこまでも深くて底知れぬ
この神秘を――

この秘密を
誰が話せるというのでしょうか
永遠に没入しない限り
誰も出会うことができないこの秘密を――

✦

この場所に踏み込むといつも
見えない顔の視線に
呑み込まれます

どこで見ていようと
わたし自身の目の光が
わたしを見つめ返しているのです

その視線が太陽のようにわたしを焼き尽くしてくれたら
もう見られることに耐えなくてもいいのでしょうか
燃えさかる火がわたしのヴィジョンを
まるごと燃やし尽くしてくれたら

遺灰のなかから

原初の夜明けを見る何かが
ぬっと立ち上がります
見る者見られる者を超え

それは広々として地平線もなく
想像を絶する輝きをもっています

まだ誕生していない太陽の復活を
誰が見るのでしょう

時を超越し
あらゆる証拠もあらゆる境界線も
焼き尽くして
誰が夜明けを祝福するのでしょう

✦

あの朝　何が生まれたのでしょうか
わたしには　答えることができません
それは決して　夜明けを見ないもの
ただ静かで　神聖で深く
言葉ではその秘密を
明かすことができない何か……

あの朝　何が生まれたのでしょうか
わたしには　答えることができません
それは決して　夜明けを見ないもの
ただ静かで　神聖で深く
誰ひとりその秘密から
逃れることができない何か……

✦

沈黙へ繋がる
コードが
切られる前の
胎児の声を
聴いていたのは
誰でしょう?

✦

未知の神秘が
内側から
一瞬一瞬にキスします
沈黙の唇を開いて――

太陽そのものも
この
不思議に
呑み込まれ
消えていきます……

✦

ワインレッドの太陽が
地平線に沈みます
浮き沈みする時空間を
陶酔させながら
何かが昇っていきます

誰があとに続くのでしょう

見るものひとつひとつが
始まりも
終わりもなく
誰も知ることのない光に
溢れ出しています

✦

わたしの言いたいことを
ぴったり言い尽くす言葉がありません——

欲望とは無縁に
成長していく自由

意図せずに
深まっていく知恵

誰ひとり掴みとることができない
未知なるものそれ自体から溢れてくるもの

まだ生まれていない広大な神秘
その内側から抱かれる抱擁

すべての物事の内側で光り輝き
湧き出している愛

裸のままに
そのすべての創造を抱きしめるもの

✦

息を呑むほどに新鮮な
始まりがあります
誰もそれを始めることはできません

あとにも先にも
夜を伴わない朝

わたしは震えています
体験したことのない
この広大さを前に

そして
永遠のわたし自身である
広がりのなかで——

✦

すべては愛の万華鏡です
ここでわたしは安らいでいます
すべてのうちにわたし自身を見て
どこにも行き　どこにも行くことなく

✦

あなたはどれほど移り気だったことでしょう
まるで不誠実な恋人のように
あなたはわたしを裏切ってきたと思いますか？
いいえ　わたしもこのゲームを
楽しんでいたのです
お互いを
待っている間……

✦

この宇宙のどこへ
行きますか
そして誰が——
わたしが旋回するどんなところにも
わたし自身の顔が見えています
すべての場所が
わたしに変わります

✦

そっと宇宙に触ってみます
何事も起きません
自分が触れた感覚さえも消え
分離のないものからくる
静寂さだけが残ります

憧れはわたしのハートのなかで死にました
その憧れが生まれた場所に
夢のように全世界が登場し
演技を始めます
わたしの静寂は
決して
移ろうことはありません

✦

わたしを消してください
残るものは

無限――

そして
それがわたしです

✦

わたしはわたし自身と結婚します
永遠から永遠に――
花嫁衣装は
捧げられた
裸のままの姿――
時間と空間が
身ごもられ生まれてきた
これまでと同じように
処女のまま――
わたしと永遠の間には
一秒の
隙間さえ
ありません

分けることのできない生と死を見つめて

✦

始まりも終わりもない
ただひとつの物語
それは自分自身とのラブストーリー
あなたは
沈黙よりも柔らかに
キスしながら
わたしのハートに
囁いた
ここに恋人はいない
決して分けることができない
生と死に寄り添う
愛そのものがあるだけなんだと

✦

誰が知るのでしょう
永遠と時との接点に隠されている
この素敵な恩恵を

誰が知るのでしょう
吐息に恥じらい
見られるのも
避けて
唇の間に
滑り込む
手つかずの
生と死の秘密を――

誰が味わうのでしょう

夢を通して囁きかける
わたしたち自身の
存在のキスを
そして
己の息から
不死の美酒を
誰が飲むのでしょう

✦

生と死の境目で
沈黙は
ひと呼吸ごとの
歌にキスしています

そこを離れることも
戻ることもありません

誰か
気づいていますか
　この終わりのない賛歌に――

✦

それそのものを歌う永遠の歌が流れています
誰も聞くひとはいません
あらゆるものがその歌なのですから――

わたしはこの秘密に恋をしました
それは星を動かし木に花を咲かせるのです
わたしは酔っ払いのように倒れて
すべての物事の中心に落ちていきました

わたしを叩いてください
ドラムのように果てしなく叩いてください
わたしの弦を響かせてください
端から端まで
永遠に煌く

狂想曲を奏でるように
わたしを響かせつづけてください

✦

この音楽が　わたしを連れていきます
感性からも理性からも
遠く離れて　夜
誰も見たことのない場所に
わたしを連れていきます

秘密の微風のように
恋人が
わたしの血管に入ってきます
気づかないうちに
彼の囁きは駆け巡り
わたしの身体を呑み込んでいきます
星々の天蓋が
揺らめいていました

誰がわたしたちの裸を
覆ってくれるのでしょう
わたしの宇宙の
結婚初夜に

愛
このひとことが
わたしの世界を
突き破りました

いつも
わたしは口に
愛を入れておきます
すると
それは宇宙に溶けていくのです

✦

わたしのハートが
秘密の沈黙のなかで
すべてであるものと
愛を交わしています

わたしの子宮が
宇宙を
生み落とし
わたしの乳房が
星々に乳を与えています

近いのか遠いのか定かではないけれど
この沈黙の洞窟では
地球が天空であり

誰もいないけれど
すべてが実在しています

わたしは
決して死ぬことのないもの
夢のなかで
存在の海を揺り動かすもの
見えない
造物主として
森羅万象を創りだすものです

✦

愛はどこにもある――
それが愛についての最大の秘密です

話される言葉ひとつひとつが
その囁きから花を咲かせ
あらゆる動作は愛撫となって
踊りはじめます

永遠の吐息よりも柔らかに
わたしのハートは
真我に溶けていきます
あらゆるものは
悦びから生まれた愛の子ども
　川も空も海もすべて――

✦

この魔法なるもの
一日千回も
自分に呪いを
掛けては解き掛けては解き
そのまわりを踊らせる
それは
果てしなく
ひとを虜にする
夢なのです――

考えられないほど長い間
わたしはこの恋に振り回されてきました
そして誰ひとり
知ることはありませんが

わたしの恋人はわたし自身だったのです——

終わりない輪舞のさなか
不意に甘い静寂が
やってきます
音楽に導かれ
踊るものたちは
自分がつくる　祝福の
波に揺られ
永遠の光の
ラブソングへ
消えていきます

✦

生の終わるときに
わたしたちは気づくのです
これまで何ひとつ起きていなかった――
このひと言が魔法です
このひと言が人生をつくるのです
夢という
ダンスのすべてを

✦

夢であるわたしたちが
夢について熟考し
夢の中心に入ります
そこには何もありません
見ようとすると消えてしまう
巨大な空間があるだけだと気づきます

昨日と明日が
その空間で
挨拶を交わしています
時間のダンスの
種子が
弾けます

✦

じっと静止しているのでしょうか
行ったり来たりしているのでしょうか
内なる真我は
縛られることがありません

この真実から
逃れることはできません
それを見つけることも
できません

✦

真我
それは自分のゲームに招く誰かを
必要としません
自分の分身をつくって
ゲームを楽しむことができるのですから

勝つか負けるかなど
どうでもいいのです
すべてはひとつ
それでも賽《さい》は投げられます――

✦

見る者と見られる者との間で
原初の光を
見ることのできる誰かが

空《くう》なる中心から

この夢という
無限の輪を回しています

✦

見る者と見られる者の間で
原初の光を
見ることのできる誰かが

空《くう》なる中心から
入ってきて

夢を見ている目を
開けてくれるのです

✦

わたしの言い方はとらえどころがないと
あなたは非難します
それならわたしに何ができるでしょう
真実はいつも
言葉の向こう側にしかない
だからわたしのやれることは
言葉を揺さぶってみるだけです
たとえばこのように——
もう抵抗しないでください
あなたがあと少しで落ちそうになったら
そこに滑り込むことができるかもしれません

✦

あなたを帽子から
とり出した
魔術師を
知っていますか？

そのまま身を
預けてください
魔法はまたあなたを連れ戻してくれるでしょう
これまであなたの夢を見ていた
帽子や頭以前の場所に

✦

わたしたちは
自分が知らない物事について話し
自分が話さない物事について
知っています

わたしたちはいつも
すでにそうあるものになり
決してなり得ないものとして
存在しています

これほど分かりきったゲームに
中身も確かめず
わたしたちは参加しています

そして自分にそんな二面性があることを
忘れることで
自分自身を騙しています

あなたはこの愛を捕らえようと
何度も何度も言葉巧みに言いつのります
でも結局それはすり抜けてしまいます
とても可笑しなことですが――

✦

実際には何事も起きません
あなたがそれを縛りつけようとして
どんなに完璧に縄を投げても
それは縄を振りほどき
あなたは狡猾な心の紆余曲折に
振り戻されるだけでしょう
カウボーイを真似て
縛りあげても無駄なことです
何も得ることはありません……

この愛は捕らえられないのです
あなたは無の遊び道具なのだと認めることです
　そのときそれが　あなたを手に入れるかもしれません
　そのときすべてが　あなたを手に入れるかもしれません

✦

真実に特徴はありません
ましてリズムや韻律などありません
わたしはあなたの顔を探すように
ひたすら真実を探しています

そして愛だけを
見つけます

この詩は秘密の場所からではなく
あの唯一の場所から来ました
あなたのハートのように
完全に透明で開け放たれていて
わたし自身よりも近いところから
そしてあらゆる場所から来たのです

✦

わたしがこれまでに書いた詩のすべてを
あなたはもう知っています
それは沈黙の世界から囁かれ
あなたの微笑みとハートに隠れて
わたしのなかに
侵入してきたものです

この秘密の言語は
語られたことはありません
沈黙のハートのなかで
あなたの無限性が
わたしを抱きしめるためのものです

✦

どうやって説明するのでしょう
それ自体にあらゆる言葉が
含まれているものを

どうやって捕らえるのでしょう
それ自体に世界のすべてが
息づいているものを

✦

わたしは言葉を投げる
過去と未来の
犬に骨を
投げるように

わたしは詩など書いたこともない
ここであなたと
遊びたいだけ
あなたの沈黙は
わたしの驚嘆を
響かせてくれるから

✦

知識を手放しましょう
知られていることも
知られていないこともないのだから

わたしはこの秘密を解き明かそうとします
そして秘密のなかに
溶けていこうとします
ただひとりで――

でも神聖なその秘密に
入っていくことはできません
その代わりとめどなく恩寵が流れてきます
外の世界の自分と決別するわたしに
神聖さが押し寄せ

何度も何度もわたしはその前にひれ伏します
これによって
かつて何者かであった
わたしという夢が解放されるのです
その夢もまた神聖さそのものでしたが——

あらゆるものの背後に隠れ
探索の目からも逃れて
秘密は永久に守られます
探す者　隠す者——
誰がこの秘密を見つけられるのでしょう？

無知であることに身を任せ
わたしは秘密そのものになります
その秘密はすべてを伝えています
けれども決して話されることはありません

✦

言葉は泥棒です
何もわたしに残さぬよう
こっそりと盗み去ってもらいましょう
洞窟の入口から
笑い声が飛び出してきます
まるで宝石のように――
友よ　あなたと分かち合いたいことがあります
あなたは言いようもなく恵まれていますが
この銀は
鞄に入れることはできません
どんなひとも
この金は
身に着けることができません……

✦

あなたを手放したとき
あなたはやってきた
そして誰も知らない言葉で話しかけてきた

秘めておくには暴力的すぎるわたしの欲望
それがあなたのなかで爆発した
ふたつのハートに流れる血
それが
永遠という
ワインレッドの海と
ひとつに溶け合っている

誰が誰からこのワインを飲むのでしょう
このワインに酔うのは誰なのでしょう

愛する者と愛される者
探し求める者と根源にある者
それらすべてが
この目もくらむ秘密に
呑み込まれていくのです

✦

あなたのハートの底知れぬ深みにわたしは沈みました
もはやこれがワインなのかどうかさえ分からない
あなたの愛とわたしの愛そのものに
わたしは酔っています

今は夜明け？　それとも夕暮れ？
時はここで止まり
すべての日の出と日没が
この海の太陽の輝きのうちに
消滅します
ここは
永遠のなかで
時間が自らの終焉に
乾杯する場所なのです

✦

完全な詩を求めて
わたしは世界中を探しました
そして行き着いたのが
沈黙です

わたしのハートを
あなたに贈ります
これは
あなたからもらったものですが――

この
透明性から
どんな言葉が
生まれるのでしょう？

愛にとって
愛に
キスする
唇は
必要がありません

✦

その理由をわたしは知りませんが
愛の詩が　沈黙から沈黙へ
囁かれています
深い親しみをもって――
誰も聞くことはできないのに
それでも聞き耳を立て
語ろうとするのは誰でしょうか
この沈黙の愛の詩を――
わたしといえば
呆然と耳を澄ましているだけです
消滅していく自分自身に……

✦

知らないということに心を奪われているのです
　全世界がわたしを吹き抜けていきます
　　わたしはそれをどこにも留めたりはしません……

あなたの瞳はまるで
　わたしの夜に輝くただひとつの星のようです
　　その瞳さえわたしを撃ち抜きました
　　　どこかへ墜ちていって
　　　　もうわたしの姿は見えません……

✦

あなたの瞳はまるで
わたしの空に輝くただひとつの星のようです
あなたの瞳は太陽と月のように
昼と
夜の
間の居場所に
わたしを導いてくれました

輝くその瞳に落ちていき
炎と
氷の
渦のなかに
わたしは呑み込まれていきました

次に続くのは誰でしょうか？
すべてはここで
誕生し
消滅します
同じ瞬間に――

ふたりの訳者によるあとがき

語りえぬものについては沈黙するしかないと哲学者は言いました。
しかし、言葉にできないことを言葉にしようともがくのが詩人です。

インドの「沈黙の聖者」ラマナ・マハルシは、16歳の頃、内的体験により覚醒し、「完全で不死の実在かつ至福である真我（アートマン）、または真実こそが私である」と悟りました。またその弟子であるプンジャジは、マハルシの眼差しによって内なる霊的ハートの存在に気づき、「私は誰か」を探求し覚醒しました。

本書の著者カヴィータ・バードは、アメリカとオーストラリアに国籍を持ちながら、約30年間インドに拠点を置いて、この二人の師に学びました。現在、カヴィータはホリスティックに社会システム（特に女性の役割について）や意識の世界、癒しなどを研究しながら、多数のコラムを執筆しています。

カヴィータは、二人の師匠のアシュラムで学ぶ日々に自分が包まれ目の当たりにしたこと——私が消えたところに広がる私（真我）の静寂と時空を超えた非二元の広がり——、そこから知（ジュニャーナ）、愛（バクティ）、自由の覚醒へと飛翔します。

マハルシが「沈黙」で伝え、プンジャジがその諸相を炎のように語り尽くそうとした非二元。カヴィータはそこからくる愛のヴァイブレーションを全身で受けとり、その体験そのものを描写しました。それがカヴィータが自身の内にある愛に目覚めた愛を伝える愛の詩集、『分離なきものの愛のうた』です。この詩集はカヴィータによるカヴィータ自身へのラブレター、そしてあなたへのラブレターです。

非二元の真我――それは言葉にしようとすると失われ、伝えようとすると循環論の独断に墜ちてしまう精妙な内的体験です。しかしカヴィータはそれを直接描くのではなく、そこからくる言語化できない知の世界像と愛のヴァイブレーションに身をゆだね、そこから受けとるひとりの生身の女性の感動と悦びを映像（詩）として伝えようとします。そこにこそ、今を生きる人々が共有できる生きたメッセージが成立しました。悟りへの道案内として――。

◆あらかみさんぞうと重城通子のケミストリーが生み出すもの

非二元の真我からくるヴァイブレーション、その響きそのものである詩句を踏み石にして、私たちはカヴィータの心のなかに入っていきました（まるで、ひとつひとつのマントラを踏み石にして自らに広がる宇宙意識に入っていく瞑想の実践でもあるかのように）。そうして受けとったひとりの女性の初々しい驚き、気づき、繊細な女性性の悦び哀しみの感覚、それらを私たち自身の日本語の語感に移し変え、瑞々しい日本語の詩に再現させようとしました。

これらの作業は訳者にとっても、カヴィータの言葉を遡りながらカヴィータの体験、カヴィータの覚醒のプロセスを共有する旅になりました。そして読者はこの詩集をひとつひとつ読み進めることによって、ご自身の覚醒の旅のコースを辿ることになるでしょう。それが私たちの願いでもあります。

一方でカヴィータの詩は、マハルシ、プンジャジとの出会いから生まれるフュージョン（融合）の詩です。そして私たちの訳詩作業もまったく異質な個性のフュージョンでした。

あらかみさんぞうは、クリエイティブディレクターとして昭和の時代を象徴するCM映像を1500本以上作り、その後に詩人になりました。重城通子は哲学の世界から、ネイティブアメリカンの世界に飛び込みました。二人は『ルーミー〝その友〟に出会う旅』（ヴォイス）のために翻訳チームを結成し、全く異なる世代の道を歩みながら、お互いの表現に深いシンパシーを持ちました。ときに師匠と弟子として、ときに仲間として。その後、読み手と書き手を繋ぐ優れたプロフェッショナルの編集者・光田和子さんが加わり、私たちの創作活動を作品として結晶させ、『ルーミー　愛の詩』（ナチュラルスピリット）が生まれました。今回もまたその三人による挑戦です。原書のなかのケミストリーが訳のなかでも起きていることを願っています。

◆自我の消滅による新たな創造という道が開かれる

本書でカヴィータが描いたのは、この世を生きる自我の意識と、その自我が消滅したその先に（すでに）広がる自己の源としての真我、その間を行き来するひとりの女性の世界です。私たちが物質次元としても精神次元としても変革期にいる今、本書をお届けする完璧なタイミングであることを感じています。覚醒とは聖者の世界のためにあるものではなく、今を生きる人々の日常のなかにこそ常に在りえるもの。今このような非二元の詩集が出版されることからも、普段の生活のなかにすべての人の道が開かれて、他者と溶け合える時代がすぐそこに来ているように思えます。

◆カヴィータが体験した日常の先にある永遠

すべての人の道が開かれていることを示して、カヴィータは「意識の奥にある私（真我）」との出会いへ、こう誘っています。

あなたの内部に降りていく

隠された螺旋階段を
ご存知でしたか
どうぞついてきてください
目も足も使わず
前も後ろも見ることなく
ただ降りていって最後の一段が消えるところ
そこから降り立ちます
永遠に――

（33ページより）

◆愛の出会い

そしてカヴィータはついに愛に出会い、愛に気づき、その悦びを謳うのです。それはあなた自身のことではありませんか、と呼びかけるかのように。それはどのような愛なのか。

愛したくて愛されたくて
何千年もの間　寝返りを打ってもがいていたのです

とっくに愛されていたというのに

（26ページより）

＊

わたしたちの海のなかを
あなたに向かってわたしは泳ぐ
ひとかきごとにあなたを抱きしめる
そのたびに愛の悦びに浸るわたし
ひとかきひとかきひとかき
悦びに浸る
裸のわたし

（74〜75ページより）

これらひとつひとつの詩は、カヴィータと行を共にする読者のあなたにとって、自分を超えるあなたに導いてくれるマントラになるでしょう。そのひとつひとつを踏み石のように辿って、あなた自身の宇宙意識のなかに飛び込んでいってほしい。カヴィータが視て、聴いて、感じた「真我」の悦び、愛のヴァイブレーションをあなた自身のものとして共振してほしい。そこに私たちがケミストリーとして、フュージョンとしてカヴィータと共に歩んで訳した願いがあります。

どうしてあなたから離れられるでしょう
わたしを夢中にさせたあなたから
わたしの存在の毛穴までこすり落としたあなたから
あなたのすべてを使ってわたしを焼き尽くしたあなたから

（76ページより）

ここには隠しきれぬ女性性の愛の賛歌があります。カヴィータが「あなた」と書くとき、それは教えのなかでは神・グル・真我のことなのですが、同時に抽象的存在とは異なる人格――なまなましい異性の表情をもっても迫るはずです。その愛の二面性を暗示させるのがこの詩のスリリングな狙いでもありました。

◆循環論の罠、トートロジーの効果

A↓なぜならB↓なぜならC↓なぜならA。

スピリチュアルな信仰告白が陥りやすい循環論法の罠があります。一つの宗教観や世界認識を、証明すべき結論として不動の前提のように語ってしまうことです。すると、一切が一方的な信仰告白か託宣で終わってしまい、受け手を終わりのない探求の輪に閉じ込めてしまいます。しかしカヴィータはこの循環論の罠を迂回します。自分自身の観察、実感、生理（ヴァイブレーション）を媒介に可視化することで真我、不二一元というテーマをそのまま汲めども尽きぬポエジーにするのです。

永遠の
わたしの愛を
繋ぎとめる花など
何処にもありません
ただそれが消えていく儚さのうちに
あなたは気づくのです
花は死んでも
愛は死なないと……

わたしが
ただひとつ

あなたに伝えられるのは
とても広大なこと
空《そら》全体が
それを分かち合い
その涙の雫が
石のように乾いた瞳を拭うのです

（66〜67ページより）

私たちはまた、カヴィータが描く以下のような論理的にはあり得ない同義反復によって詩的酩酊に導かれ、いつのまにか「私」の深みに入っていくことになるでしょう。

キスされました
キスしたのもキスされたのも
わたし自身でした

（12ページより）

*

わたしの恋人はわたし自身だったのです――

（147ページより）

◆言葉の終わるとき、詩が始まるとき

言葉にできないことは、言葉にしようとしてはならない、とヴィトゲンシュタインは言います。しかし、語りえぬことを言葉にしようともがくのが詩人です。その壁に直面したとき、マハルシは沈黙したが、カヴィータは身を捩って言葉を探し求め、エゴに生きる人間が決して知ることのできない自己像としての真我をとらえたのです。そして完全な詩とは何なのかを。

どうやって説明するのでしょう
それ自体にあらゆる言葉が
含まれているものを

どうやって捕らえるのでしょう
それ自体に世界のすべてが
息づいているものを

（162ページより）

＊

完全な詩を求めて
わたしは世界中を探しました
そして行き着いたのが
沈黙です
（170ページより）

◆言葉の先にあるもの

真実はいつも
言葉の向こう側にしかない
だからわたしのやれることは
言葉を揺さぶってみるだけです
（154ページより）

あなたはその言葉に揺られてみてください、その言葉をひとつひとつ遡ってみてください。真我に辿り着くまで。いいえ、真我に辿り着かないように感じたとしても、その揺らぎは言葉の向こう側に届いています。なぜならカヴィータの詩こそが、言葉の先にある源から届けられたヴァイブレーションだからです。私たちが今問われていることは、人間が人間のエゴを乗り越えた先にある真我、それと共にあるあたらしい地球生命の時代を生き抜くことではないでしょうか。

令和元年に飛び立つ、この超時代、超個人の詩集『分離なきものの愛のうた』。そのふたりの訳者乗員として、真我とエゴが調和することを願い、生きている限りにパワーにもなるエゴと、宇宙の源が相互にバランスをとった関係を私たちが築けるようにとの願いを込めて。

最後に、このような詩集の出版機会をいただけたこと、ナチュラルスピリットの今井社長に心から感謝いたします。また、粘り強く私たちを信頼し、読者の意識をも加えて一つの作品へと昇華した編集者・光田和子さんへ深く感謝いたします。

二〇一九年五月

あらかみさんぞう　鎌倉にて

重城通子　八ヶ岳にて

✦ 訳者紹介

あらかみ さんぞう　*Sanzo Arakami*

詩人。宇都宮高校、早稲田大学第一文学部演劇学科卒。電通のクリエイティブディレクター。その後、東海大学で教え、青山心理学研究所主宰。日本創造学会、人体科学会、日本催眠学会に「トランス発想論」を発表。9・11からは詩人に転じ、『詩風』を創刊して作品発表。地域に帰って、NPO鎌倉、玉縄城址まちづくり会議会長、鎌倉世界遺産協議会委員、市事業「さんぞう生き方塾」主宰。現在、地球生命をみつめる連作詩に当たり、訳詩には重城通子氏と取り組んでいる。

主な著書『広告総論』（ダイヤモンド社）、連載論説「瞑想と発想 12のインパルス」（『月刊アドバタイジング』電通）、詩集『暗夜飛行』『春の生きもの図鑑』（詩風社）他、訳詩集『ルーミー“その友”に出会う旅』（ヴォイス）、『ルーミー 愛の詩』（ナチュラルスピリット）、詩とエッセイ『悩むひとへ　キャッチボールしよう』（ヴォイス）他。

重城 通子　*Michiko Jujo*

東洋大学文学部哲学科卒。哲学者・文筆家の池田晶子氏に師事。

2003年に渡米、ニューメキシコ州にあるネイティブアメリカン居留地にて日本文化を教える。そこでペルシャの神秘詩人ルーミーの詩と出会い、詩人のあらかみさんぞう氏と共に翻訳を始める。共訳に『ルーミー“その友”に出会う旅』（ヴォイス）、『ルーミー 愛の詩』（ナチュラルスピリット）がある。

現在は八ヶ岳にて地域活動に勤しみながら、ルーミーの朗読会を主催している。

✦ 著者紹介

カヴィータ・バード　*Kavita Byrd*

かつての師ラマナ・マハルシのアシュラムのある、南インドのタミル・ナードゥ州ティルヴァンナーマライに在住。本書の詩はプンジャジの信者、そして庭師としてインド北部の町ラクナウに暮らしていたときに書かれたもの。アメリカとオーストラリアの二重国籍を持ちながら長年インドに拠点を置き、非二元、アドヴァイタ・ヴェーダーンタ、禅の教えを実践。ヨガ教師の経験を背景とする、クラニオセイクラル（頭蓋仙骨療法）のセラピストでもある。昨今は、大きな危機に面している地球に私たちの本質である分離のないハートから癒しと変容をもたらすためのスピリチュアルな活動に力を注いでいる。著書に *"Quantum Co-Create Revolution : We Are All in This Together"*。

ホームページ　www.shakticentre.blogspot.com

分離なきものの愛のうた

●

2019年6月21日　初版発行

著者／カヴィータ
訳者／あらかみさんぞう 重城通子
編集・DTP／光田和子

発行者／今井博揮

発行所／株式会社ナチュラルスピリット
〒101-0051 東京都千代田区神田神保町3－2 高橋ビル2階
TEL　03-6450-5938　FAX　03-6450-5978
E-mail　info@naturalspirit.co.jp
ホームページ　http://www.naturalspirit.co.jp/

印刷所／創栄図書印刷株式会社

ISBN978-4-86451-306-7 C0010